高等职业教育铁路物流管理专业系列规划教材

铁路物流设备项目学习手册

赵智锋　主编

中国铁道出版社有限公司

2024年·北京

内 容 简 介

本书基于工作过程，以项目引领、任务驱动的工作项目进行结构编排，以铁路物流主要职业活动中常用物流设备为载体，以《铁路物流设备》为蓝本，以 MOOC 资源为依托，按照工作手册的形式，以"项目描述—项目任务—项目资讯—项目计划与决策—项目实施—项目考核评价—项目总结报告"为主线，将铁路物流活动中常见设备的名称、特点、分类、图形、选型、使用等"必须够用的理论"与"基本技能与操作"进行数字化的展示，方便教师灵活地安排"技能模块"的授课，也方便学生和自学者有针对性地选学相关内容。

本书可作为高等职业院校铁路物流管理、物流工程及铁道交通运营管理等相关专业的教材或教学参考书，也可供铁路物流企业货物运输、仓储、配送、营销、管理等相关人员培训使用。

图书在版编目(CIP)数据

铁路物流设备项目学习手册/赵智锋主编．—北京：中国铁道出版社有限公司，2021.1(2024.7 重印)
高等职业教育铁路物流管理专业系列规划教材
ISBN 978-7-113-27471-9

Ⅰ.①铁… Ⅱ.①赵… Ⅲ.①铁路运输-货物运输-物流-设备管理-高等职业教育-教材 Ⅳ.①U294.1

中国版本图书馆 CIP 数据核字(2020)第 240359 号

书　　名：铁路物流设备项目学习手册
作　　者：赵智锋

责任编辑：悦　彩　　**编辑部电话：**(010)51873206　　**电子邮箱：**sxyuecai@163.com
封面设计：高博越
责任校对：焦桂荣
责任印制：樊启鹏

出版发行：中国铁道出版社有限公司(100054，北京市西城区右安门西街 8 号)
网　　址：http://www.tdpress.com
印　　刷：北京铭成印刷有限公司
版　　次：2021 年 1 月第 1 版　2024 年 7 月第 2 次印刷
开　　本：787 mm×1 092 mm 1/16　**印张：**8.5　**字数：**208 千
书　　号：ISBN 978-7-113-27471-9
定　　价：26.00 元

前言

随着全国铁路全面深化货运改革，加快推进铁路现代物流发展，铁路运输企业货运组织机构和人员队伍发生很大变化，技术技能人才紧缺。紧随铁路货运改革和铁路物流发展的步伐，贯彻落实《国家职业教育改革实施方案》，加快“三教改革”步伐，优化课程体系和教学内容，创新人才培养模式，从而高质量地培养铁路物流岗位技术技能人才。我们依据现代物流的管理理念，汲取铁路货运和铁路物流企业管理精华，在铁路物流管理专业建设实践基础上，结合《铁路物流设备》，组织编写了本书。

本书是高等职业教育铁路物流管理专业系列规划教材之一，是按工作任务的设计而编写的，贯彻了以能力为本位、基于工作过程的教学理念。

本书具有如下特点：

1. 坚持就业导向。我们先后到多个铁路物流企业与科研院所进行了大量调研，如中国铁路武汉局集团有限公司武汉北物流中心、汉西车务段、武铁物流公司工程物流中心、武东车站，中国铁路广州局集团有限公司长沙货运营销中心、惠州货运中心，中国铁路西安局集团有限公司、新丰镇车站、新筑中心站及宝鸡货运中心，中铁联集武汉中心站，中铁快运武汉分公司，武汉汉欧国际物流有限公司以及中远物流武汉分公司、北京交通大学交通运输学院运输设备教学馆、武汉理工大学物流工程学院国家重点实验室等，从而瞄准铁路物流管理专业相关就业群，引导学生在实践中找岗位、在岗位上练技能、以技能谋就业、以思维求发展。

2. 源于企业实际。经过教学实践与多次研讨，我们了解了铁路货物运输企业的一般组织结构与岗位设置模型图，收集了各岗位的工作职责，对铁路货运、物流、营销及管理岗位的职责进行了分析，归纳出一般铁路物流岗位涉及的典型工作任务，依据典型工作任务确定了铁路物流管理专业的行动领域，最后将这些工作领域转化为学习领域，铁路物流设备运用就是其中之一。

3. 基于工作过程。本书以基于工作过程的课程理念为指导，分项目来进行，每一项目按照“项目任务—初识设备—设备认知—设备分类—设备使用—考核评价”的主线，围绕工作任务，将常见设备的名称、特点、分类、图形、选型、使用等“必须够用的理论”与“基本技能与操作”进行系统地介绍。

4. 表述图文并茂。教材以铁路物流活动的主要职能为依据，精选了主要铁路物流设备的认知、分类、使用的一些基本知识点，省略了一般教材中较重篇幅的工作原理、主要结构等内容，增加了设备操作方面的内容。而且在行文中，采用丰富的图形、表格，基本做到了教材结构“模块化”、理论实践“一体化”，图文表述“形象化”。

本书由国家高级物流师、湖北省行业技术能手、武汉铁路职业技术学院赵智锋任主编，武汉铁路职业技术学院周文君、新疆铁道职业技术学院付晓艳任副主编。具体编写分工如下：赵智锋编写项目一、三、七、八，西安铁路职业技术学院李敏编写项目四、十，周文君编写项目二、九，付晓艳编写项目五、六。在编写过程中，得到了中国铁路武汉局集团有限公司货运部、武汉理工大学物流工程学院专家的鼎力支持，还参考了国内外相关文献、专业教材以及大量研究成果，在此，对涉及的专家、学者表示衷心的感谢！

由于编者水平有限，书中错误与不足难免存在，敬请同行及读者予以批评指正。

编　者

2020 年 8 月

目录

项目一　铁路物流设备导论

项目描述

学习目标	器材工具	教学建议	课时计划
①了解物流系统的构成要素； ②认识并掌握不同种类的物流设备的功能； ③掌握物流设备的选型原则； ④在小组作业中培养团队精神。	①铁路物流中心的布置图； ②铁路物流中心的物流设备。	①条件允许时，尽量在智慧教室中实施教学； ②如果条件不允许，可用某一铁路物流中心的布置图或视频代替。	计划 4 学时，其中理论教学 2 学时，实践操作与项目考核 2 学时。

项目任务

工作任务单

对某一铁路物流中心配置物流设备。主要作业环节：

(1)熟悉铁路物流中心的主要功能，绘制铁路物流中心的布置图；

(2)分析铁路物流中心的作业流程，并结合作业流程说明相关物流设备的主要功能；

(3)结合具体的使用情况，讨论物流设备选型时应依据的主要原则。

项目资讯

<table>
<tr><td>班　　级</td><td colspan="2"></td><td>组　　别</td><td></td></tr>
<tr><td>小组成员</td><td colspan="4"></td></tr>
<tr><td>记　　录</td><td colspan="2"></td><td>时　　间</td><td></td></tr>
<tr><td rowspan="4">资讯方式</td><td>教　　材：</td><td colspan="3"></td></tr>
<tr><td>参考资料：</td><td colspan="3"></td></tr>
<tr><td>网络网址：</td><td colspan="3"></td></tr>
<tr><td>其　　他：</td><td colspan="3"></td></tr>
</table>

资讯要点记录	1. 绘制物流系统的基本模式图
	2. 物流系统的物质基础要素 要点:如下表所示(请根据需要画上横格线,并填写内容)

序号	要　　素	举　　例

资讯要点记录

3. 物流设备的类型

要点：如下表所示（请根据需要画上横格线，并填写内容）

序号	类　型	举　例

4. 物流设备的选型原则

要点：如下表所示（请根据需要画上横格线，并填写内容）

序号	因　素	说　明

<table>
<tr><td rowspan="2">资
讯
要
点
记
录</td><td>5. 其他资讯内容
要点:如下表所示(请根据需要画上横格线,并填写内容)</td></tr>
<tr><td>

序号	内　　容	在项目工作中的作用

</td></tr>
<tr><td rowspan="2">现
场
收
集
信
息</td><td>信息补充资料
要点:如下表所示(请根据需要画上横格线,并填写内容)</td></tr>
<tr><td>

序号	部件名称	主要功能

</td></tr>
</table>

资讯注释	注释 1-1　物流系统的物质基础要素	注释 1-2　物流设备的类型
	注释 1-3　物流设备的选型原则	微课 1-4　物流设备系统概述
任务认识描述	作业流程：	
	所需工具：	
	注意事项：	

项目计划与决策

班　　级		组　　别	
小组成员			
记　　录		时　　间	

项目计划

1. 人员分工计划

要点：如下表所示

序　号	姓　名	岗　位	职　　责	备　注

2. 完成任务计划

要点：如下表所示（请根据需要画上横格线，并填写内容）

序号	步骤名称	工作要点

<table>
<tr><td>教
师
指
导
意
见</td><td>

教师签名：　　　　　日期：</td></tr>
<tr><td rowspan="4">小
组
决
策</td><td>决策意见：</td></tr>
<tr><td>作业流程：</td></tr>
<tr><td>所需工具：</td></tr>
<tr><td>注意事项：</td></tr>
</table>

项目实施

<table>
<tr><td>班　　级</td><td></td><td>组　　别</td><td></td></tr>
<tr><td>小组成员</td><td colspan="3"></td></tr>
<tr><td>记　　录</td><td></td><td>时　　间</td><td></td></tr>
<tr><td>实施一（讨论）</td><td colspan="3">讨论记录</td></tr>
<tr><td>实施二（任务完成）</td><td colspan="3">1. 绘制铁路物流中心平面图</td></tr>
</table>

<table>
<tr>
<td>实施二（任务完成）</td>
<td>2. 铁路物流中心主要设备
要点：如下表所示（请根据需要画上横格线，并填写内容）
<table>
<tr><th>分区</th><th>设备名称</th><th>主要功能</th></tr>
<tr><td></td><td></td><td></td></tr>
</table>
</td>
</tr>
<tr>
<td>变更计划记录</td>
<td>在实施过程中，如果执行计划有变更，请作记录，并说明理由。</td>
</tr>
<tr>
<td>教师指导意见</td>
<td>教师签名： 日期：</td>
</tr>
</table>

项目考核评价

以团队小组为单位完成任务，以学生个人为单位实行考核。

姓名	绘制铁路物流中心的布局图			讨论物流设备功能与选型原则			得分
	自评	同学评	教师评	自评	同学评	教师评	

说明：

1. 每人总分为100分。

2. 每人每项为50分制，计分标准为：非主笔绘图且讨论不积极计1～15分，绘图讨论不积极计16～30分，绘图讨论较好计31～40分，绘图讨论很好计41～50分。

3. 采用分层打分制，建议权重计为：自评分占0.2，同学评分占0.3，教师评分占0.5，然后加权算出每名同学在本项目中的综合成绩。

项目总结报告

<table>
<tr><td>班　　级</td><td></td><td>组　　别</td><td></td></tr>
<tr><td>小组成员</td><td colspan="3"></td></tr>
<tr><td>记　　录</td><td></td><td>时　　间</td><td></td></tr>
<tr><td>总
结
报
告</td><td colspan="3">要点：请分段阐述个人对项目任务理解、资讯内容收集、计划与决策讨论、任务实施体会、考核评价意见等方面内容。</td></tr>
<tr><td>批
阅
记
录</td><td colspan="3">教师签名：　　　　　日期：</td></tr>
</table>

项目二　铁路运输设备运用

项目描述

学习目标	器材工具	教学建议	课时计划
①认识铁路运输设备； ②知道并辨识常用铁路运输设备类型； ③理解掌握常用铁路运输设备适用范围、合理选型、正确运用； ④培养学生吃苦耐劳、认真负责、团结协作的精神。	①铁路线路、车站（站场）模型、挂图、沙盘； ②铁路货车、机车、动车组模型、挂图； ③铁路信号、通信模型； ④铁路运输设备数字化资源（图片、视频等）； ⑤铁路运输设备运用的相关辅助设备（脱轨器、铁鞋等）。	①条件允许时，尽量在实训室和多媒体教室实施理实一体化教学； ②安排到铁路货运车站、铁路物流中心参观学习。	计划 16 学时，其中理论教学 10 学时，实践操作 4 学时，项目考核 2 学时。

项目任务

工作任务单

本项目任务是给在铁路货运车站托运的货物选择 70 t 铁路车辆，并能够阐述其在运输中所配备的铁路设备及运用。其操作应涉及如下工作环节：

（1）判定并描述货物所在的铁路车站类型，识别站场示意图，指出站线构成，描述基本功能；

（2）选择并配置相应的铁路机车车辆，判断铁路机车类型，根据运输货物品类，恰当选择铁路货车类型，描述 70 t 通用货车的安全运用要求；

（3）辨识并描述车辆运行涉及的铁路线路和信号设备，辨识铁路线路构成及其基本结构，描述铁路信号设备组成。

项目资讯

<table>
<tr><td>班　　级</td><td colspan="2"></td><td>组　　别</td><td></td></tr>
<tr><td>小组成员</td><td colspan="4"></td></tr>
<tr><td>记　　录</td><td colspan="2"></td><td>时　　间</td><td></td></tr>
<tr><td rowspan="4">资讯方式</td><td>教　　材：</td><td colspan="3"></td></tr>
<tr><td>参考资料：</td><td colspan="3"></td></tr>
<tr><td>网络网址：</td><td colspan="3"></td></tr>
<tr><td>其　　他：</td><td colspan="3"></td></tr>
<tr><td rowspan="2">资讯要点记录</td><td colspan="4">1. 绘制中国铁路运输干线示意图</td></tr>
<tr><td colspan="4">2. 铁路线路的构成
要点：如下表所示(请根据需要画上横格线，并填写内容)</td></tr>
</table>

序号	一　　级	二　　级	说　　明

资讯要点记录

3. 铁路车站按照技术作业不同的分类

要点：如下表所示（请根据需要画上横格线，并填写内容）

序号	分　　类	说　　明

4. 铁路常用货车的类型

要点：如下表所示（请根据需要画上横格线，并填写内容）

序号	类　　型	基本型号	适货范围

资讯要点记录

5. 铁路信号设备类型

要点：如下表所示（请根据需要画上横格线，并填写内容）

序号	一　　级	二　　级	说　　明

现场收集信息

信息补充资料

要点：如下表所示（请根据需要画上横格线，并填写内容）

序号	名　　称	主要功能或特性

<table>
<tr><td rowspan="3">资讯注释</td><td>注释 2-1　铁路线路的构成</td><td>注释 2-2　铁路车站按照技术作业不同的分类</td></tr>
<tr><td>注释 2-3　铁路常用货车的类型</td><td>注释 2-4　铁路信号设备类型</td></tr>
<tr><td>微课 2-5　铁路运输设备类型</td><td>视频 2-6　铁路运输认知——货运</td></tr>
<tr><td rowspan="3">任务认识描述</td><td colspan="2">作业流程：</td></tr>
<tr><td colspan="2">所需工具：</td></tr>
<tr><td colspan="2">注意事项：</td></tr>
</table>

项目计划与决策

班 级		组 别	
小组成员			
记 录		时 间	

项目计划

1. 人员分工计划

要点：如下表所示

序 号	姓 名	岗 位	职 责	备 注

2. 完成任务计划

要点：如下表所示（请根据需要画上横格线，并填写内容）

序号	步骤名称	工作要点

<table>
<tr><td>教师指导意见</td><td>

教师签名：　　　　日期：</td></tr>
<tr><td rowspan="4">小组决策</td><td>决策意见：</td></tr>
<tr><td>作业流程：</td></tr>
<tr><td>所需工具：</td></tr>
<tr><td>注意事项：</td></tr>
</table>

项目实施

班　　级		组　　别	
小组成员			
记　　录		时　　间	
实施(任务完成)	1. 讨论线路构成,描述基本功能		
	2. 描述 70 t 通用货车的安全运用要求		

实施(任务完成)	3. 描述铁路信号设备组成及作用
变更计划记录	在实施过程中,如果执行计划有变更,请作记录,并说明理由。
教师指导意见	教师签名：　　　　日期：

项目考核评价

以团队小组为单位完成任务，以学生个人为单位实行考核。

姓名	车辆选型及说明			设备描述			得分
	自评	同学评	教师评	自评	同学评	教师评	

说明：

1. 每个人的总分为 100 分，采用多主体评价。

2. 每个主体进行评价的评价标准为：正确选择货车种类 10 分，说明用途 30 分，阐述相关设备使用与维护 50 分，语言流畅、思路清晰 10 分。其中“设备描述”50 分建议按照“项目任务”中三个工作环节进行分值分配，环节(1)13 分，环节(2)24 分，环节(3)13 分。

3. 建议权重计为：自评分占 0.2，同学评分占 0.3，教师评分占 0.5，然后加权算出每位同学在本项目中的综合成绩。

项目总结报告

班　　级		组　　别	
小组成员			
记　　录		时　　间	
总结报告	要点：请分段阐述个人对项目任务理解、资讯内容收集、计划与决策讨论、任务实施体会、考核评价意见等方面内容。		
批阅记录	教师签名：　　　　日期：		

项目三　其他运输设备运用

项目描述

学习目标	器材工具	教学建议	课时计划
①了解其他运输设备的概念与特点； ②认识并掌握其他运输设备的主要类型； ③在教学中培养学生的团队精神以及分析、决策与迁移能力。	①各种运输方式设备系统的图片； ②各种运输方式的作业短片； ③中国地图。	条件允许时，尽量在实训基地、实训室和多媒体教室中实施教学。	计划 8 学时，其中理论教学 4 学时，实践操作 2 学时，项目考核 2 学时。

项目任务

工作任务单

本项目的任务是制定煤炭、海鲜运输方案，主要应选择运输方式、设备、路径，要求组织学生讨论货物特点和不同运输方式优点后制定方案。其操作应涉及如下工作环节：

(1)分析煤炭运输的特点；

(2)分析大同煤炭向北京和广州运输的特点，制定合理方案；

(3)分析海鲜运输的特点；

(4)分析广州海鲜向贵阳和北京运输的特点，制定合理方案。

项目资讯

<table>
<tr><td>班　　级</td><td colspan="2"></td><td>组　　别</td><td></td></tr>
<tr><td>小组成员</td><td colspan="4"></td></tr>
<tr><td>记　　录</td><td colspan="2"></td><td>时　　间</td><td></td></tr>
<tr><td rowspan="4">资讯方式</td><td>教　　材：</td><td colspan="3"></td></tr>
<tr><td>参考资料：</td><td colspan="3"></td></tr>
<tr><td>网络网址：</td><td colspan="3"></td></tr>
<tr><td>其　　他：</td><td colspan="3"></td></tr>
</table>

<table>
<tr><td rowspan="2">资
讯
要
点
记
录</td><td>1. 绘制中国公路运输干线示意图</td></tr>
<tr><td>2. 常见运输方式比较
要点:如下表所示(请根据需要画上横格线,并填写内容)</td></tr>
</table>

序号	运输方式	优　点	缺　点	主要设备

<table>
<tr><td>现场收集信息</td><td colspan="2">信息补充资料
要点：如下表所示（请根据需要画上横格线，并填写内容）
<table><tr><th>序号</th><th>名　　称</th><th>主要功能或特性</th></tr><tr><td></td><td></td><td></td></tr></table></td></tr>
<tr><td>资讯注释</td><td>注释 3-1　常见运输方式比较</td><td>微课 3-2　公路运输设备类型</td></tr>
<tr><td rowspan="3">任务认识描述</td><td colspan="2">作业流程：</td></tr>
<tr><td colspan="2">所需工具：</td></tr>
<tr><td colspan="2">注意事项：</td></tr>
</table>

项目计划与决策

班　级		组　别	
小组成员			
记　录		时　间	

项目计划

1. 人员分工计划

要点：如下表所示

序号	姓　名	岗　位	职　责	备　注

2. 完成任务计划

要点：如下表所示(请根据需要画上横格线，并填写内容)

序号	步骤名称	工作要点

教师指导意见	教师签名：　　　　　日期：
小组决策	决策意见：
	作业流程：
	所需工具：
	注意事项：

项目实施

<table>
<tr><td>班　　级</td><td></td><td>组　　别</td><td></td></tr>
<tr><td>小组成员</td><td colspan="3"></td></tr>
<tr><td>记　　录</td><td></td><td>时　　间</td><td></td></tr>
<tr><td>实施一（讨论）</td><td colspan="3">讨论记录</td></tr>
<tr><td>实施二（任务完成）</td><td colspan="3">1. 所运物品的特点分析
<table>
<tr><th>物品名称</th><th>商品学上的特点</th><th>经济学上的特点</th></tr>
<tr><td>煤炭</td><td></td><td></td></tr>
<tr><td>海鲜</td><td></td><td></td></tr>
</table>
</td></tr>
</table>

实施二(任务完成)

2. 运输可行性线路列举

要点:如下表所示(请根据需要画上横格线,并填写内容)

<table>
<tr><th>序号</th><th>任务方向</th><th>运输方式</th><th>可行路线列举(按照物流地理中的名称)</th></tr>
<tr><td rowspan="5">1</td><td rowspan="5">山西大同—北京</td><td>铁路</td><td></td></tr>
<tr><td>公路</td><td></td></tr>
<tr><td>水路</td><td></td></tr>
<tr><td>航空</td><td></td></tr>
<tr><td>管道</td><td></td></tr>
<tr><td rowspan="5">2</td><td rowspan="5">山西大同—广州</td><td>铁路</td><td></td></tr>
<tr><td>公路</td><td></td></tr>
<tr><td>水路</td><td></td></tr>
<tr><td>航空</td><td></td></tr>
<tr><td>管道</td><td></td></tr>
<tr><td rowspan="5">3</td><td rowspan="5">广州—贵阳</td><td>铁路</td><td></td></tr>
<tr><td>公路</td><td></td></tr>
<tr><td>水路</td><td></td></tr>
<tr><td>航空</td><td></td></tr>
<tr><td>管道</td><td></td></tr>
<tr><td rowspan="5">4</td><td rowspan="5">广州—北京</td><td>铁路</td><td></td></tr>
<tr><td>公路</td><td></td></tr>
<tr><td>水路</td><td></td></tr>
<tr><td>航空</td><td></td></tr>
<tr><td>管道</td><td></td></tr>
</table>

实施二(任务完成)	3. 绘制煤炭运输图(要求:只画示意图,但要注明干线、节点、运输方式名称及里程)
	4. 绘制海鲜运输图(要求:只画示意图,但要注明干线、节点、运输方式名称及里程)
变更计划记录	在实施过程中,如果执行计划有变更,请作记录,并说明理由。
教师指导意见	教师签名:　　　　日期:

项目考核评价

以团队小组为单位完成任务，以学生个人为单位实行考核。

姓名	讨论并制定煤炭运输方案			讨论并制定海鲜运输方案			得分
	自评	同学评	教师评	自评	同学评	教师评	

说明：

1. 每人总分为100分。

2. 每人每项为50分制，计分标准为：参加讨论但不积极1～15分，参加讨论但未制定方案16～30分，积极讨论但方案不完善31～40分，积极讨论且方案较完善41～50分。

3. 采用分层打分制，建议权重计为：自评分占0.2，同学评分占0.3，教师评分占0.5，然后加权算出每名同学在本项目中的综合成绩。

项目总结报告

<table>
<tr><td>班　　级</td><td></td><td>组　　别</td><td></td></tr>
<tr><td>小组成员</td><td colspan="3"></td></tr>
<tr><td>记　　录</td><td></td><td>时　　间</td><td></td></tr>
<tr><td>总
结
报
告</td><td colspan="3">要点：请分段阐述个人对项目任务理解、资讯内容收集、计划与决策讨论、任务实施体会、考核评价意见等方面内容。</td></tr>
<tr><td>批
阅
记
录</td><td colspan="3">教师签名：　　　　　　日期：</td></tr>
</table>

项目四 仓储设备运用

项目描述

学习目标	器材工具	教学建议	课时计划
①了解常用仓储设备的原理； ②认识并掌握仓储设备的主要类型； ③掌握手动堆垛机的操作； ④在作业中培养学生的团队精神。	①手动堆垛机； ②普通仓储用托盘； ③仓储货架； ④仓储用的相关辅助仪表。	①条件允许时，尽量在理实一体化教室或实训室和多媒体教室中实施教学； ②设备操作注意事项应参照设备说明书。	计划 8 学时，其中理论教学 4 学时，实践操作 2 学时，项目考核 2 学时。

项目任务

工作任务单

办理一批箱装货物的仓储入库业务，其操作应涉及如下工作环节：

(1)货物验收；
(2)托盘选用；
(3)货物组托；
(4)选堆垛机；
(5)货位指引；
(6)搬运存货；
(7)归还设备；
(8)6 S 管理。

项目资讯

<table>
<tr><td>班　　级</td><td colspan="2"></td><td>组　　别</td><td></td></tr>
<tr><td>小组成员</td><td colspan="4"></td></tr>
<tr><td>记　　录</td><td colspan="2"></td><td>时　　间</td><td></td></tr>
<tr><td rowspan="4">资讯方式</td><td>教　　材：</td><td colspan="3"></td></tr>
<tr><td>参考资料：</td><td colspan="3"></td></tr>
<tr><td>网络网址：</td><td colspan="3"></td></tr>
<tr><td>其　　他：</td><td colspan="3"></td></tr>
<tr><td>资讯要点记录</td><td colspan="4">1. 托盘按照结构特征分类
要点：如下表所示（请根据需要画上横格线，并填写内容）
<table><tr><th>序号</th><th>名　　称</th><th>主要性能</th></tr><tr><td></td><td></td><td></td></tr></table></td></tr>
</table>

资讯要点记录	2. 其他集装单元器具类型 要点:如下表所示(请根据需要画上横格线,并填写内容)

序号	名　称	主要性能

3. 货架按照结构形式分类

要点:如下表所示(请根据需要画上横格线,并填写内容)

序号	名　称	主要性能

<table>
<tr><td rowspan="3">资讯要点记录</td><td colspan="3">4. 堆垛机按照动力特点分类
要点：如下表所示（请根据需要画上横格线，并填写内容）</td></tr>
<tr><td>序号</td><td>名　称</td><td>主要性能</td></tr>
<tr><td></td><td></td><td></td></tr>
<tr><td rowspan="3">现场收集信息</td><td colspan="3">1. 托盘的使用要点
要点：如下表所示（请根据需要画上横格线，并填写内容）</td></tr>
<tr><td>序号</td><td>要　点</td><td>说　明</td></tr>
<tr><td></td><td></td><td></td></tr>
</table>

<table>
<tr>
<td rowspan="2">现场收集信息</td>
<td colspan="2">2. 货架的使用原则
要点:如下表所示(请根据需要画上横格线,并填写内容)
<table>
<tr><th>序号</th><th>要点</th><th>说　明</th></tr>
<tr><td></td><td></td><td></td></tr>
</table>
</td>
</tr>
<tr>
<td colspan="2">3. 手动堆垛机的操作流程</td>
</tr>
<tr>
<td>资讯注释</td>
<td>注释 4-1　托盘按照结构特征分类</td>
<td>注释 4-2　其他集装单元器具类型</td>
</tr>
</table>

<table>
<tr><td rowspan="3">资讯注释</td><td>注释 4-3　货架按照结构形式分类</td><td>注释 4-4　堆垛机按照动力特点分类</td></tr>
<tr><td>注释 4-5　托盘的使用要点</td><td>注释 4-6　货架的使用原则</td></tr>
<tr><td>注释 4-7　手动堆垛机的操作流程</td><td>微课 4-8　托盘组托方式</td></tr>
<tr><td rowspan="3">任务认识描述</td><td colspan="2">作业流程：</td></tr>
<tr><td colspan="2">所需工具：</td></tr>
<tr><td colspan="2">注意事项：</td></tr>
</table>

项目计划与决策

班　　级		组　　别	
小组成员			
记　　录		时　　间	

项目计划

1. 设备选用计划

<table>
<tr><td>选用设备名称</td><td colspan="2"></td></tr>
<tr><td rowspan="3">选用理由</td><td>货物特点</td><td></td></tr>
<tr><td>设备特点</td><td></td></tr>
<tr><td>其他</td><td></td></tr>
<tr><td>备　　注</td><td colspan="2"></td></tr>
</table>

2. 人员分工计划

要点：如下表所示

序号	姓　　名	岗　　位	职　　责	备注

<table>
<tr><td rowspan="1">项目计划</td><td>3. 完成任务计划
要点：如下表所示(请根据需要画上横格线，并填写内容)<table><tr><td>序号</td><td>步骤名称</td><td>工作要点</td></tr><tr><td></td><td></td><td></td></tr></table></td></tr>
<tr><td>教师指导意见</td><td>教师签名：　　　　日期：</td></tr>
<tr><td rowspan="4">小组决策</td><td>决策意见：</td></tr>
<tr><td>作业流程：</td></tr>
<tr><td>所需工具：</td></tr>
<tr><td>注意事项：</td></tr>
</table>

项目实施

班　　级		组　　别	
小组成员			
记　　录		时　　间	

实施一（设备检测）

1. 常用仓储设备的类型及作用

要点：如下表所示（请根据需要画上横格线，并填写内容）

序号	类型名称	作　　用

2. 设备检测

要点：如下表所示（请根据需要画上横格线，并填写内容）

设备或部件名称		是否完整	运行状况	备　　注
主要设备				
其他器具				

实施二(任务完成)	1. 绘制货架储位图并标明目标托盘盛装的货物
	2. 绘制托盘组托图(要求:绘制正视图、奇数层俯视图、偶数层俯视图)

<table>
<tr>
<td>实施二(任务完成)</td>
<td>3. 搬运存货作业
要点：如下表所示(请根据需要画上横格线，并填写内容)
<table>
<tr><th>序号</th><th>步骤名称</th><th>操作要点</th><th>存在问题</th></tr>
<tr><td></td><td></td><td></td><td></td></tr>
</table>
</td>
</tr>
<tr>
<td>变更计划记录</td>
<td>在实施过程中，如果执行计划有变更，请作记录，并说明理由。</td>
</tr>
<tr>
<td>教师指导意见</td>
<td>教师签名： 日期：</td>
</tr>
</table>

项目考核评价

以团队小组为单位完成任务，以学生个人为单位实行考核。

姓名	货物组托作业			搬运存货作业			得分
	自评	同学评	教师评	自评	同学评	教师评	

说明：

1. 每人总分为 100 分。

2. 每人每项为 50 分制，计分标准为：非主要操作者且操作不熟练计 1～15 分，操作不熟练计 16～30 分，操作较好计 31～40 分，操作很好记 41～50 分。

3. 采用分层打分制，建议权重计为：自评分占 0.2，同学评分占 0.3，教师评分占 0.5，然后加权算出每名同学在本项目中的综合成绩。

项目总结报告

班　　级		组　　别	
小组成员			
记　　录		时　　间	
总结报告	要点：请分段阐述个人对项目任务理解、资讯内容收集、计划与决策讨论、任务实施体会、考核评价意见等方面内容。		
批阅记录	教师签名：　　　　日期：		

项目五　装卸设备运用

项目描述

学习目标	器材工具	教学建议	课时计划
①了解各类机械设备的基本组成和工作原理； ②认识并掌握装卸设备的主要类型； ③了解使用装卸设备的注意事项； ④在作业中培养学生的团队精神。	①港口码头作业视频； ②铁路货场作业视频。	①条件允许时，尽量在实训室和多媒体教室中实施教学； ②设备操作注意事项应参照设备说明书。	计划6学时，其中理论教学4学时，实践与考核2学时。

项目任务

工作任务单

(1)组织参观某一铁路货场，或观看相应视频；
(2)列举并分析常用装卸设备的类型；
(3)分组讨论装卸设备的安全部件的使用要求。

项目资讯

班　　级		组　　别	
小组成员			
记　　录		时　　间	
资讯方式	教　　材：		
	参考资料：		
	网络网址：		
	其　　他：		

资讯要点记录

1. 起重机按功能和结构特点分类

要点:如下表所示(请根据需要画上横格线,并填写内容)

序号	名　称	适用范围

2. 起重机按安装方式分类

要点:如下表所示(请根据需要画上横格线,并填写内容)

序号	名　称	适用范围

资讯要点记录

3. 常用装卸机的类型

要点：如下表所示（请根据需要画上横格线，并填写内容）

序号	名　称	适用范围

4. 升降机按升降机构分类

要点：如下表所示（请根据需要画上横格线，并填写内容）

序号	名　称	说　明

<table>
<tr><td rowspan="2">资
讯
要
点
记
录</td><td>5. 铁路装卸设备的类型
要点：如下表所示(请根据需要画上横格线，并填写内容)
<table><tr><th>序号</th><th>一 级</th><th>二 级</th><th>说 明</th></tr><tr><td></td><td></td><td></td><td></td></tr></table></td></tr>
<tr><td>6. 其他资讯内容
要点：如下表所示(请根据需要画上横格线，并填写内容)
<table><tr><th>序号</th><th>内 容</th><th>在项目工作中的作用</th></tr><tr><td></td><td></td><td></td></tr></table></td></tr>
</table>

现场收集信息

信息补充资料
要点：如下表所示（请根据需要画上横格线，并填写内容）

序号	设备或部件名称	主要功能

资讯注释

注释 5-1　起重机按功能和结构特点分类	注释 5-2　起重机按安装方式分类

<table>
<tr><td rowspan="2">资讯注释</td><td>注释 5-3　常用装卸机的类型</td><td>注释 5-4　升降机按升降机构分类</td></tr>
<tr><td>注释 5-5　铁路装卸设备的类型</td><td>微课 5-6　起重机分类</td></tr>
<tr><td rowspan="3">任务认识描述</td><td colspan="2">作业流程：</td></tr>
<tr><td colspan="2">所需工具：</td></tr>
<tr><td colspan="2">注意事项：</td></tr>
</table>

项目计划与决策

<table>
<tr><td>班　　级</td><td></td><td>组　　别</td><td></td></tr>
<tr><td>小组成员</td><td colspan="3"></td></tr>
<tr><td>记　　录</td><td></td><td>时　　间</td><td></td></tr>
<tr><td rowspan="2">项目计划</td><td colspan="3">1. 人员分工计划
要点：如下表所示
<table><tr><td>序号</td><td>姓　名</td><td>岗　位</td><td>职　　责</td><td>备　注</td></tr><tr><td></td><td></td><td></td><td></td><td></td></tr><tr><td></td><td></td><td></td><td></td><td></td></tr><tr><td></td><td></td><td></td><td></td><td></td></tr><tr><td></td><td></td><td></td><td></td><td></td></tr><tr><td></td><td></td><td></td><td></td><td></td></tr><tr><td></td><td></td><td></td><td></td><td></td></tr><tr><td></td><td></td><td></td><td></td><td></td></tr></table></td></tr>
<tr><td colspan="3">2. 完成任务计划
要点：如下表所示(请根据需要画上横格线，并填写内容)
<table><tr><td>序号</td><td>步骤名称</td><td>工作要点</td></tr><tr><td></td><td></td><td></td></tr></table></td></tr>
</table>

教师指导意见	教师签名： 日期：
小组决策	决策意见：
	作业流程：
	所需工具：
	注意事项：

项目实施

班　　级		组　　别	
小组成员			
记　　录		时　　间	
实施一（讨论）	讨论记录		
实施二（任务完成）	1. 绘制所观场所的平面布置图，并标明每一区域内的装卸设备		

<table>
<tr><td>实施二（任务完成）</td><td>2. 起重机的安全保护安置
要点：如下表所示（请根据需要画上横格线，并填写内容）<table><tr><th>序号</th><th>装置名称</th><th>主要作用</th></tr><tr><td></td><td></td><td></td></tr></table></td></tr>
<tr><td>变更计划记录</td><td>在实施过程中，如果执行计划有变更，请作记录，并说明理由。</td></tr>
<tr><td>教师指导意见</td><td>教师签名：　　　　日期：</td></tr>
</table>

项目考核评价

以团队小组为单位完成任务，以学生个人为单位实行考核。

姓名	列举铁路装卸设备的类型			讨论装卸设备安全部件使用要求			得分
	自评	同学评	教师评	自评	同学评	教师评	

说明：

1. 每人总分为 100 分。

2. 每人每项为 50 分制，计分标准为：非主要操作者且操作不熟练计 1～15 分，操作不熟练计 16～30 分，操作较好计 31～40 分，操作很好记 41～50 分。

3. 采用分层打分制，建议权重计为：自评分占 0.2，同学评分占 0.3，教师评分占 0.5，然后加权算出每名同学在本项目中的综合成绩。

项目总结报告

班　　级		组　　别	
小组成员			
记　　录		时　　间	
总结报告	要点：请分段阐述个人对项目任务理解、资讯内容收集、计划与决策讨论、任务实施体会、考核评价意见等方面内容。		
批阅记录	教师签名：　　　日期：		

项目六　搬运设备运用

项目描述

学习目标	器材工具	教学建议	课时计划
①了解常用的搬运设备； ②认识并掌握搬运设备的主要类型； ③掌握手动托盘托运车、自动导引车、连续输送机的操作； ④在作业中培养学生的团队精神。	①手动托盘托运车； ②平衡重式电瓶叉车； ③自动导引车； ④滚道式或带式连续输送机； ⑤普通托盘若干。	①条件允许时，尽量在理论实践一体化教室或实训室和多媒体教室中实施教学； ②设备操作注意事项应参照设备说明书。	计划8学时，其中理论教学4学时，实践操作2学时，项目考核2学时。

项目任务

工作任务单

将某一配送中心流通加工区内的指定托盘集装的货物，搬运至出库理货区。其操作应涉及如下工作环节：

(1)按照作业、结合搬运对象的特点，选用适当的搬运设备；

(2)应用选定的设备将指定的货物按照路线要求搬运至出库理货区；

(3)在出库理货区内进行正确码堆。

项目资讯

<table>
<tr><td>班　　级</td><td colspan="2"></td><td>组　　别</td><td></td></tr>
<tr><td>小组成员</td><td colspan="4"></td></tr>
<tr><td>记　　录</td><td colspan="2"></td><td>时　　间</td><td></td></tr>
<tr><td rowspan="4">资讯方式</td><td>教　　材：</td><td colspan="3"></td></tr>
<tr><td>参考资料：</td><td colspan="3"></td></tr>
<tr><td>网络网址：</td><td colspan="3"></td></tr>
<tr><td>其　　他：</td><td colspan="3"></td></tr>
</table>

资讯要点记录

1. 常用的手动搬运车分类

要点：如下表所示（请根据需要画上横格线，并填写内容）

序号	名　称	主要性能

2. 叉车按结构功能分类

要点：如下表所示（请根据需要画上横格线，并填写内容）

序号	名　称	适用范围

资讯要点记录

3. 叉车按属具变形分类

要点：如下表所示(请根据需要画上横格线，并填写内容)

序号	名　称	特　性

4. AGV 按导引方式分类

要点：如下表所示(请根据需要画上横格线，并填写内容)

序号	名　称	特　性

资讯要点记录

5. 连续输送机按结构特点分类

要点：如下表所示(请根据需要画上横格线，并填写内容)

序号	名　称	适用范围

现场收集信息

1. 手动托盘搬运车的典型结构

要点：如下表所示(请根据需要画上横格线，并填写内容)

序号	主要结构	说　明

现场收集信息

2. 叉车的典型结构

要点：如下表所示（请根据需要画上横格线，并填写内容）

序号	主要结构	说　明

3. 手动托盘搬运车的操作流程

4. 叉车的使用方法

现场收集信息

5. AGV 的选用考虑因素

要点：如下表所示（请根据需要画上横格线，并填写内容）

序号	因　素	要点说明

资讯注释

注释 6-1　常用的手动搬运车分类

注释 6-2　叉车按结构功能分类

注释 6-3　叉车按属具变形分类

注释 6-4　AGV 按导引方式分类

注释 6-5　连续输送机按结构特点分类

注释 6-6　手动托盘搬运车的操作流程

<table>
<tr><td rowspan="2">资讯注释</td><td>注释 6-7　叉车的典型结构</td><td>注释 6-8　叉车使用方法</td></tr>
<tr><td>注释 6-9　AGV 的选用</td><td>微课 6-10　电瓶叉车的使用及管理</td></tr>
<tr><td rowspan="3">任务认识描述</td><td colspan="2">作业流程：</td></tr>
<tr><td colspan="2">所需工具：</td></tr>
<tr><td colspan="2">注意事项：</td></tr>
</table>

项目计划与决策

班　　级		组　　别	
小组成员			
记　　录		时　　间	

项目计划

1. 设备选用计划

选用设备名称		
选用理由	货物特点	
	设备特点	
	其他	
备　　注		

2. 人员分工计划
要点：如下表所示

序号	姓　　名	岗　　位	职　　责	备注

<table>
<tr><td rowspan="1">项
目
计
划</td><td>3. 完成任务计划
要点：如下表所示（请根据需要画上横格线，并填写内容）
<table><tr><td>序号</td><td>步骤名称</td><td>工作要点</td></tr><tr><td></td><td></td><td></td></tr></table></td></tr>
<tr><td>教
师
指
导
意
见</td><td>教师签名：　　　　日期：</td></tr>
<tr><td rowspan="4">小
组
决
策</td><td>决策意见：</td></tr>
<tr><td>作业流程：</td></tr>
<tr><td>所需工具：</td></tr>
<tr><td>注意事项：</td></tr>
</table>

项目实施

班级		组别	
小组成员			
记录		时间	

实施一（设备检测）

1. 常用搬运设备的类型及作用

要点：如下表所示（请根据需要画上横格线，并填写内容）

序号	类型名称	作用

2. 设备检测

要点：如下表所示（请根据需要画上横格线，并填写内容）

设备或部件名称		是否完整	运行状况	备注
主要设备				
其他器具				

实施二(任务完成)	1. 绘制储位图并标明目标托盘盛装的货物
	2. 绘制托盘组托图(要求:绘制正视图、俯视图)

<table>
<tr><td>实施二（任务完成）</td><td>3. 搬运作业
要点：如下表所示（请根据需要画上横格线，并填写内容）
<table><tr><th>序号</th><th>步骤名称</th><th>操作要点</th><th>存在问题</th></tr><tr><td></td><td></td><td></td><td></td></tr></table></td></tr>
<tr><td>变更计划记录</td><td>在实施过程中，如果执行计划有变更，请作记录，并说明理由。</td></tr>
<tr><td>教师指导意见</td><td>教师签名：　　　　日期：</td></tr>
</table>

项目考核评价

完成此项目，需根据实训条件选择适当搬运设备，然后进行操作。在此，以最基本的搬运托盘搬运车来完成此项目，予以考核。

以学生个人为单位实行考核。

姓名	直线搬运			直角转弯搬运			得分
	自评	同学评	教师评	自评	同学评	教师评	

说明：

1. 每个人的总分为100分。

2. 每人每项为50分制，计分标准为：非主要操作者且操作不熟练计1～15分，操作不熟练计16～30分，操作较好计31～40分，操作很好计41～50分。

3. 采用分层打分制，建议权重计为：自评分占0.2，同学评分占0.3，教师评分占0.5，然后加权算出每位同学在本项目中的综合成绩。

项目总结报告

<table>
<tr><td>班　级</td><td></td><td>组　别</td><td></td></tr>
<tr><td>小组成员</td><td colspan="3"></td></tr>
<tr><td>记　录</td><td></td><td>时　间</td><td></td></tr>
<tr><td>总结报告</td><td colspan="3">要点：请分段阐述个人对项目任务理解、资讯内容收集、计划与决策讨论、任务实施体会、考核评价意见等方面内容。</td></tr>
<tr><td>批阅记录</td><td colspan="3">教师签名：　　　　日期：</td></tr>
</table>

项目七　包装设备运用

项目描述

学习目标	器材工具	教学建议	课时计划
①了解常用的包装设备； ②认识并掌握包装设备的主要类型； ③掌握手动打包机和半自动打包机的操作； ④在作业中培养学生的团队精神。	①手动打包机； ②半自动打包机； ③箱装物品； ④普通托盘若干。	①条件允许时，尽量在理论实践一体化教室或实训室和多媒体教室中实施教学； ②设备操作注意事项应参照设备说明书。	计划 6 学，其中理论教学 2 学时，实践操作 2 学时，项目考核 2 学时。

项目任务

工作任务单

将流通加工区的某一指定箱装货物进行打包。其操作应涉及如下作业环节：

(1)按照作业在流通加工区准确找取箱装的货物；

(2)将此货物码放至托盘上，并使用手动托盘搬运车将货物运至打包区；

(3)在打包区内采用手动和半自动两种方式将货物打包；

(4)将包装好的货物再使用手动托盘搬运车运至出库理货区。

项目资讯

班　　级		组　　别	
小组成员			
记　　录		时　　间	
资讯方式	教　　材：		
	参考资料：		

资讯方式	网络网址：	
	其　　他：	

资讯要点记录

1. 常用的包装设备的类型

要点：如下表所示（请根据需要画上横格线，并填写内容）

序号	分类名称	主要特性

2. 自动包装机的类型

要点：如下表所示（请根据需要画上横格线，并填写内容）

序号	名称	主要性能

<table>
<tr><td rowspan="2">现场收集信息</td><td>1. 手动打包机的主要部件
要点：如下表所示（请根据需要画上横格线，并填写内容）

序号	主要部件	说　　明

</td></tr>
<tr><td>2. 半自动打包机的主要部件
要点：如下表所示（请根据需要画上横格线，并填写内容）

序号	主要部件	说　　明

</td></tr>
</table>

<table>
<tr><td rowspan="2">现场收集信息</td><td colspan="2">3. 手动打包机的使用方法</td></tr>
<tr><td colspan="2">4. 半自动打包机的使用方法</td></tr>
<tr><td rowspan="2">资讯注释</td><td>注释 7-1　常用的包装设备的类型</td><td>注释 7-1　自动包装机的类型</td></tr>
<tr><td>微课 7-3　手动打包设备的使用与管理</td><td>微课 7-4　半自动打包机使用</td></tr>
</table>

任务认识描述	作业流程：
	所需工具：
	注意事项：

项目计划与决策

<table>
<tr><td>班　　级</td><td colspan="2"></td><td>组　　别</td><td></td></tr>
<tr><td>小组成员</td><td colspan="4"></td></tr>
<tr><td>记　　录</td><td colspan="2"></td><td>时　　间</td><td></td></tr>
<tr><td rowspan="6">项
目
计
划</td><td colspan="4">1. 设备选用计划</td></tr>
<tr><td>选用
设备名称</td><td colspan="3"></td></tr>
<tr><td rowspan="3">选用理由</td><td>货物特点</td><td colspan="2"></td></tr>
<tr><td>设备特点</td><td colspan="2"></td></tr>
<tr><td>其　　他</td><td colspan="2"></td></tr>
<tr><td>备　　注</td><td colspan="3"></td></tr>
</table>

项目计划

2. 人员分工计划

要点：如下表所示

序号	姓名	岗位	职　　责	备注

3. 完成任务计划

要点：如下表所示(请根据需要画上横格线，并填写内容)

序号	步骤名称	工作要点

教师指导意见

教师签名：　　　　　　　　　　日期：

<table>
<tr><td rowspan="4">小
组
决
策</td><td>决策意见：</td></tr>
<tr><td>作业流程：</td></tr>
<tr><td>所需工具：</td></tr>
<tr><td>注意事项：</td></tr>
</table>

项目实施

<table>
<tr><td>班　　级</td><td></td><td>组　　别</td><td></td></tr>
<tr><td>小组成员</td><td colspan="3"></td></tr>
<tr><td>记　　录</td><td></td><td>时　　间</td><td></td></tr>
<tr><td>实施一（设备检测）</td><td colspan="3">设备检测
要点：如下表所示（请根据需要画上横格线，并填写内容）
<table>
<tr><td colspan="2">设备或部件名称</td><td>是否完整</td><td>运行状况</td><td>备注</td></tr>
<tr><td>主要设备</td><td></td><td></td><td></td><td></td></tr>
<tr><td>其他器具</td><td></td><td></td><td></td><td></td></tr>
</table>
</td></tr>
<tr><td>实施二（任务完成）</td><td colspan="3">1. 绘制包装简图并说明包装要求</td></tr>
</table>

实施二(任务完成)	2. 打包作业(要求:用两种方法打包)
变更计划记录	在实施过程中,如果执行计划有变更,请作记录,并说明理由。
教师指导意见	教师签名:　　　　　　　　　　日期:

项目考核评价

完成本项目工作任务中，搬运操作已在以前项目中进行了专门考核，本项目对打包任务作考核。

以团队小组为单位完成任务，以学生个人为单位实行考核。

姓名	手工打包机的操作			半自动打包机的操作			得分
	自评	同学评	教师评	自评	同学评	教师评	

说明：

1. 每人总分为100分。

2. 每人每项为50分制，计分标准为：非主要操作者且操作不熟练计1～15分，操作不熟练计16～30分，操作较好计31～40分，操作很好计41～50分。

3. 采用分层打分制，建议权重计为：自评分占0.2，同学评分占0.3，教师评分占0.5，然后加权算出每名同学在本项目中的综合成绩。

项目总结报告

班级		组别	
小组成员			
记录		时间	
总结报告	要点：请分段阐述个人对项目任务理解、资讯内容收集、计划与决策讨论、任务实施体会、考核评价意见等方面内容。		
批阅记录	教师签名： 日期：		

项目八　分拣设备运用

项目描述

学习目标	器材工具	教学建议	课时计划
①了解分拣系统的概念； ②认识并掌握分拣系统的类型； ③掌握自动分拣系统和自动拣选系统的操作； ④在作业中培养学生的团队精神。	①自动分拣设备； ②自动拣选设备； ③集中单元器具——托盘； ④搬运叉车； ⑤条形码。	①条件允许时，尽量在实训室和多媒体教室中实施教学； ②设备操作注意事项应参照设备说明书。	计划 4 学时，其中理论教学 2 学时，实践操作与项目考核 2 学时。

项目任务

工作任务单

(1)按照分拣单在流通加工区或货架上准确拣取货物；
(2)将货物运至自动分拣机的入口；
(3)在控制计算机中设置分拣货物的出口、数量、客户信息等；
(4)在出口接货，并运至配送集货区。

项目资讯

<table>
<tr><td>班　　级</td><td colspan="2"></td><td>组　　别</td><td></td></tr>
<tr><td>小组成员</td><td colspan="4"></td></tr>
<tr><td>记　　录</td><td colspan="2"></td><td>时　　间</td><td></td></tr>
<tr><td rowspan="2">资讯方式</td><td>教　　材：</td><td colspan="3"></td></tr>
<tr><td>参考资料：</td><td colspan="3"></td></tr>
</table>

<table>
<tr><td rowspan="2">资讯方式</td><td>网络网址：</td><td></td></tr>
<tr><td>其　　他：</td><td></td></tr>
<tr><td rowspan="2">资讯要点记录</td><td colspan="2">1. 常用分拣机的类型
要点：如下表所示（请根据需要画上横格线，并填写内容）
<table><tr><th>序号</th><th>名称</th><th>工作特点</th><th>适用范围</th></tr><tr><td></td><td></td><td></td><td></td></tr></table></td></tr>
<tr><td colspan="2">2. 拣选设备的分类
要点：如下表所示（请根据需要画上横格线，并填写内容）
<table><tr><th>序号</th><th>名称</th><th>工作特点</th><th>适用范围</th></tr><tr><td></td><td></td><td></td><td></td></tr></table></td></tr>
</table>

资讯要点记录

3. 分拣设备的选型原则

要点：如下表所示（请根据需要画上横格线，并填写内容）

序号	因素	说明

4. 完成项目所需要的其他器具

要点：如下表所示（请根据需要画上横格线，并填写内容）

序号	名称	在项目工作中的作用

资讯要点记录

5. 其他资讯内容

要点：如下表所示（请根据需要画上横格线，并填写内容）

序号	内容	在项目工作中的作用

现场收集信息

1. 滚道式自动分拣系统的主要构成部件

要点：如下表所示（请根据需要画上横格线，并填写内容）

序号	部件名称	主要功能

现场收集信息

2. 电子标签拣选系统的主要构成部件

要点：如下表所示（请根据需要画上横格线，并填写内容）

序号	部件名称	主要功能

资讯注释

注释 8-1　常用分拣机的类型

注释 8-2　拣选设备的分类

注释 8-3　分拣设备的选型原则

注释 8-4　滚道式自动分拣系统的主要构成部件

资讯注释	微课 8-5　分拣设备使用	微课 8-6　电子标签拣货系统认知
任务认识描述	作业流程：	
	所需工具：	
	注意事项：	

项目计划与决策

<table>
<tr><td>班　　级</td><td></td><td>组　　别</td><td></td></tr>
<tr><td>小组成员</td><td colspan="3"></td></tr>
<tr><td>记　　录</td><td></td><td>时　　间</td><td></td></tr>
<tr><td>项目计划</td><td colspan="3">1. 设备选用计划
<table>
<tr><td>选用设备名称</td><td colspan="2"></td></tr>
<tr><td rowspan="3">选用理由</td><td>货物特点</td><td></td></tr>
<tr><td>设备特点</td><td></td></tr>
<tr><td>其　　他</td><td></td></tr>
<tr><td>备　　注</td><td colspan="2"></td></tr>
</table>
</td></tr>
</table>

项目计划

2. 人员分工计划

要点：如下表所示

序号	姓名	岗位	职　责	备注

3. 完成任务计划

要点：如下表所示（请根据需要画上横格线，并填写内容）

序号	步骤名称	工作要点

教师指导意见

教师签名：　　　　　　　　日期：

小组决策	决策意见：
	作业流程：
	所需工具：
	注意事项：

项目实施

<table>
<tr><td>班　级</td><td colspan="3"></td><td>组　别</td><td></td></tr>
<tr><td>小组成员</td><td colspan="5"></td></tr>
<tr><td>记　录</td><td colspan="3"></td><td>时　间</td><td></td></tr>
<tr><td rowspan="4">实施一（设备检测）</td><td colspan="5">设备检测
要点：如下表所示（请根据需要画上横格线，并填写内容）</td></tr>
<tr><td colspan="2">设备或部件名称</td><td>是否完整</td><td>运行状况</td><td>备注</td></tr>
<tr><td>主要设备</td><td></td><td></td><td></td><td></td></tr>
<tr><td>其他器具</td><td></td><td></td><td></td><td></td></tr>
</table>

<table>
<tr><td>实施二（任务完成）</td><td>要点：如下表所示（请根据需要画上横格线，并填写内容）
<table>
<tr><th>序号</th><th>步骤名称</th><th>操作要点</th><th>存在问题</th></tr>
<tr><td></td><td></td><td></td><td></td></tr>
</table></td></tr>
<tr><td>变更计划记录</td><td>在实施过程中，如果执行计划有变更，请作记录，并说明理由。</td></tr>
<tr><td>教师指导意见</td><td>教师签名：　　　　　　　　日期：</td></tr>
</table>

项目考核评价

考核可依据实训设备情况从 2 个子项目中选择其一，以团队小组为单位完成任务，以学生个人为单位实行考核。

1. 分拣系统使用考核

姓名	设置			取货			入口送货			出口 1 接货			出口 2 接货			得分
	自评	小组评	教师评	自评	小组评	教师评	自评	小组评	教师评	自评	小组评	教师评	自评	小组评	教师评	

说明：

1. 每人总分为 100 分。

2. 每人每项为 20 分制，计分标准为：非主要操作者且操作不熟练计 1～5 分，操作不熟练计 6～10 分，操作较好计 11～15 分，操作很好计 16～20 分。

3. 采用分层打分制，建议权重计为：自评分占 0.2，小组评分占 0.3，教师评分占 0.5，然后加权算出每名同学在本项目中的综合成绩。

2. 电子标签拣选系统使用考核

姓　名							
设置电子标签订单	设置摘取式分拣订单	自评					
		小组评					
		教师评					
	设置播种式分拣订单	自评					
		小组评					
		教师评					
	设置入库单	自评					
		小组评					
		教师评					
	设置响应补货单	自评					
		小组评					
		教师评					
	摘取式盘点	自评					
		小组评					
		教师评					
	播种式盘点	自评					
		小组评					
		教师评					
电子标签业务控制	摘取式分拣	自评					
		小组评					
		教师评					
	播种式分拣	自评					
		小组评					
		教师评					
	补货	自评					
		小组评					
		教师评					
	盘点	自评					
		小组评					
		教师评					
得　分							

说明：

1. 每人总分为100分。

2. 每人每项为10分制，计分标准为：非主要操作者且操作不熟练计1～3分，操作不熟练计3～6分，操作较好计6～8分，操作很好计8～10分。

3. 采用分层打分制，建议权重计为：自评分占0.2，小组评分占0.3，教师评分占0.5，然后加权算出每名同学在本项目中的综合成绩。

项目总结报告

班　　级		组　　别	
小组成员			
记　　录		时　　间	
总结报告	要点：请分段阐述个人对项目任务理解、资讯内容收集、计划与决策讨论、任务实施体会、考核评价意见等方面内容。		
批阅记录	教师签名：　　　　　　　日期：		

项目九　物流信息设备运用

项目描述

学习目标	器材工具	教学建议	课时计划
①了解常用的物流信息设备； ②认识并掌握物流信息设备的主要类型； ③掌握激光枪和手持终端两种设备的操作； ④在作业中培养学生的团队精神。	①激光枪； ②手持终端； ③条码； ④货架； ⑤95306 系统。	①条件允许时，尽量在理论实践一体化教室或实训室和多媒体教室中实施教学； ②设备操作注意事项应参照设备说明书。	计划 6 学时，其中理论教学 4 学时，实践操作与项目考核 2 学时。

项目任务

工作任务单

对指定货物办理出库发货业务。其操作应涉及如下工作环节：

(1)按照作业以条码为依据在货架上准确找取货物；

(2)使用激光枪扫描方式与计算机配合建立控制中心出库单；

(3)使用手持终端在仓库对该货物现场办理出库作业；

(4)再使用手动托盘搬运车搬运至出库理货区；

(5)登录中国铁路 95306 电子商务平台，操作“我要发货”程序。

项目资讯

<table>
<tr><td>班　　级</td><td></td><td>组　　别</td><td></td></tr>
<tr><td>小组成员</td><td colspan="3"></td></tr>
<tr><td>记　　录</td><td></td><td>时　　间</td><td></td></tr>
<tr><td rowspan="4">资讯方式</td><td>教　　材：</td><td colspan="2"></td></tr>
<tr><td>参考资料：</td><td colspan="2"></td></tr>
<tr><td>网络网址：</td><td colspan="2"></td></tr>
<tr><td>其　　他：</td><td colspan="2"></td></tr>
<tr><td>资讯要点记录</td><td colspan="3">1. 常用条码识读设备的类型
要点：如下表所示（请根据需要画上横格线，并填写内容）
<table><tr><th>序号</th><th>分类名称</th><th>适用范围</th></tr><tr><td></td><td></td><td></td></tr></table></td></tr>
</table>

资讯要点记录

2. POS 机按通讯方式分类

要点：如下表所示(请根据需要画上横格线，并填写内容)

序号	名称	主要性能

3. GPS 的功能

要点：如下表所示(请根据需要画上横格线，并填写内容)

序号	功能	说　　明

资讯要点记录

4. 95306 网站主要开展的服务业务

要点：如下表所示(请根据需要画上横格线，并填写内容)

序号	服务业务

5. 95306 网上“我要发货”办理流程

要点：如下表所示(请根据需要画上横格线，并填写内容)

序号	流程	说　明

现场收集信息

1. 信息采集设备的选型要求

要点：如下表所示（请根据需要画上横格线，并填写内容）

序号	因素	要　求

2. POS 机的选型原则

要点：如下表所示（请根据需要画上横格线，并填写内容）

序号	原则	说　明

<table>
<tr>
<td>现
场
收
集
信
息</td>
<td colspan="2">3. GPS接收设备选型因素
要点：如下表所示（请根据需要画上横格线，并填写内容）
<table>
<tr><th>序号</th><th>因素</th><th>说　明</th></tr>
<tr><td></td><td></td><td></td></tr>
</table>
</td>
</tr>
<tr>
<td rowspan="2">资
讯
注
释</td>
<td>注释 9-1　常用条码识读设备的类型</td>
<td>注释 9-2　POS机按通信方式分类</td>
</tr>
<tr>
<td>注释 9-3　GPS的功能</td>
<td>注释 9-4　95306网站主要开展的服务业务</td>
</tr>
</table>

<table>
<tr><td rowspan="3">资讯注释</td><td>注释 9-5　95306 网上“我要发货”办理流程</td><td>注释 9-6　信息采集设备的选型要求</td></tr>
<tr><td>注释 9-7　POS 机的选型原则</td><td>注释 9-8　GPS 接收设备选型因素</td></tr>
<tr><td>微课 9-9　信息采集设备类型</td><td>微课 9-10　智慧物流</td></tr>
<tr><td rowspan="3">任务认识描述</td><td colspan="2">作业流程：</td></tr>
<tr><td colspan="2">所需工具：</td></tr>
<tr><td colspan="2">注意事项：</td></tr>
</table>

项目计划与决策

<table>
<tr><td>班　　级</td><td colspan="3"></td><td>组　　别</td><td></td></tr>
<tr><td>小组成员</td><td colspan="5"></td></tr>
<tr><td>记　　录</td><td colspan="3"></td><td>时　　间</td><td></td></tr>
<tr><td rowspan="6">项
目
计
划</td><td colspan="5">1. 设备或系统选用计划</td></tr>
<tr><td>选用
设备名称</td><td colspan="4"></td></tr>
<tr><td rowspan="3">选用理由</td><td>货物特点</td><td colspan="3"></td></tr>
<tr><td>设备特点</td><td colspan="3"></td></tr>
<tr><td>其　　他</td><td colspan="3"></td></tr>
<tr><td>备　　注</td><td colspan="4"></td></tr>
</table>

<table>
<tr><td rowspan="2">项目计划</td><td>2. 人员分工计划
要点：如下表所示

序号	姓名	岗位	职　　责	备注
</td></tr>
<tr><td>3. 完成任务计划
要点：如下表所示（请根据需要画上横格线，并填写内容）

序号	步骤名称	工作要点
</td></tr>
<tr><td>教师指导意见</td><td>教师签名：　　　　　　日期：</td></tr>
</table>

小组决策	决策意见：
	作业流程：
	所需工具：
	注意事项：

项目实施

班　级		组　别	
小组成员			
记　录		时　间	

实施一（设备检测）

1. 常用物流信息设备的类型及作用

要点：如下表所示（请根据需要画上横格线，并填写内容）

序号	类型名称	作　用

2. 设备检测

要点：如下表所示（请根据需要画上横格线，并填写内容）

设备或部件名称		是否完整	运行状况	备注
主要设备				
其他器具				

实施二（任务完成）	1. 绘制货架储位图并标明每格条码和托盘条码
	2. 扫描识别条码（要点：扫描采用的设备、所识读的条码、扫描的方法）
	3. 建立控制中心出库任务单（要求：运用识读设备与信息系统相配合建立出库任务单，并将计算机中生成的任务单画出来）

实施二(任务完成)	4. 中国铁路 95306 电子商务平台的操作(要求:登录中国铁路 95306 电子商务平台,操作“我要发货”程序)
变更计划记录	在实施过程中,如果执行计划有变更,请作记录,并说明理由。
教师指导意见	教师签名:　　　　　　日期:

项目考核评价

本项目工作任务中，搬运操作已在以前项目中进行了专门考核，建立出库任务单仅作参考，本项目对激光枪扫描和 95306 作业作考核。

以团队小组为单位完成任务，以学生个人为单位实行考核。

姓名	激光枪扫描条形码作业			95306 网页操作作业			得分
	自评	同学评	教师评	自评	同学评	教师评	

说明：

1. 每人总分为 100 分。

2. 每人每项为 50 分制，计分标准为：非主要操作者且操作不熟练计 1～15 分，操作不熟练计 16～30 分，操作较好计 31～40 分，操作很好计 41～50 分。

3. 采用分层打分制，建议权重计为：自评分占 0.2，同学评分占 0.3，教师评分占 0.5，然后加权算出每名同学在本项目中的综合成绩。

项目总结报告

<table>
<tr><td>班　　级</td><td></td><td>组　　别</td><td></td></tr>
<tr><td>小组成员</td><td colspan="3"></td></tr>
<tr><td>记　　录</td><td></td><td>时　　间</td><td></td></tr>
<tr><td>总结报告</td><td colspan="3">要点：请分段阐述个人对项目任务理解、资讯内容收集、计划与决策讨论、任务实施体会、考核评价意见等方面内容。</td></tr>
<tr><td>批阅记录</td><td colspan="3">教师签名：　　　　日期：</td></tr>
</table>

项目十　物流设备维护管理

项目描述

学习目标	器材工具	教学建议	课时计划
①了解物流设备维护管理的意义、特点； ②掌握物流设备的选型； ③熟悉物流设备的日常维护管理； ④熟悉物流设备的安全管理。	①物流实训室（或配送中心）的各类物流设备； ②物流设备管理维护管理相关制度。	①条件允许时，尽量在理论实践一体化教室中实施教学； ②如果条件不允许，可用某一配送中心的布置图或视频代替。	计划 6 学时，其中理论教学 6 学时，实践操作 2 学时，项目考核 2 学时。

项目任务

工作任务单

（1）了解实训室（或配送中心）的作业流程，并结合作业流程说明相关物流设备的主要功能，讨论物流设备规划与选型时应依据的主要原则；

（2）结合物流设备的实际使用情况，归纳实训室（或配送中心）物流设备的日常维护和安全管理措施。

项目资讯

<table>
<tr><td>班　　级</td><td colspan="2"></td><td>组　　别</td><td></td></tr>
<tr><td>小组成员</td><td colspan="4"></td></tr>
<tr><td>记　　录</td><td colspan="2"></td><td>时　　间</td><td></td></tr>
<tr><td rowspan="2">资讯方式</td><td>教　　材：</td><td colspan="3"></td></tr>
<tr><td>参考资料：</td><td colspan="3"></td></tr>
</table>

<table>
<tr><td rowspan="2">资讯方式</td><td>网络网址：</td><td></td></tr>
<tr><td>其　　他：</td><td></td></tr>
<tr><td rowspan="2">资
讯
要
点
记
录</td><td colspan="2">1. 现代物流设备维护管理的特点
要点：如下表所示（请根据需要画上横格线，并填写内容）
<table><tr><th>序号</th><th>特点</th><th>举例说明</th></tr><tr><td></td><td></td><td></td></tr></table></td></tr>
<tr><td colspan="2">2. 物流设备规划的一般步骤
要点：如下表所示（请根据需要画上横格线，并填写内容）
<table><tr><th>序号</th><th>步骤</th><th>举例说明</th></tr><tr><td></td><td></td><td></td></tr></table></td></tr>
</table>

资讯要点记录

3. 物流设备日常正确使用管理的措施

要点：如下表所示（请根据需要画上横格线，并填写内容）

序号	类型	举　例

4. 物流设备安全管理的主要内容

要点：如下表所示（请根据需要画上横格线，并填写内容）

序号	因素	说　明

资讯要点记录

5. 其他资讯内容

要点：如下表所示（请根据需要画上横格线，并填写内容）

序号	内容	在项目工作中的作用

现场收集信息

信息补充资料

要点：如下表所示（请根据需要画上横格线，并填写内容）

序号	部件名称	主要功能

资讯注释

注释 10-1　现代物流设备维护管理的特点	注释 10-2　物流设备规划的一般步骤

<table>
<tr><td>资讯注释</td><td>注释 10-3　物流设备日常正确使用管理的措施</td><td>注释 10-4　物流设备安全管理的主要内容</td></tr>
<tr><td rowspan="3">任务认识描述</td><td colspan="2">作业流程：</td></tr>
<tr><td colspan="2">所需工具：</td></tr>
<tr><td colspan="2">注意事项：</td></tr>
</table>

项目计划与决策

班　　级		组　　别	
小组成员			
记　　录		时　　间	

项目计划

1. 人员分工计划

要点：如下表所示

序号	姓名	岗位	职　　责	备注

2. 完成任务计划

要点：如下表所示(请根据需要画上横格线，并填写内容)

序号	步骤名称	工作要点

教师指导意见	
	教师签名：　　　　　　日期：

小组决策	决策意见：
	作业流程：
	所需工具：
	注意事项：

项目实施

<table>
<tr><td>班　　级</td><td></td><td>组　　别</td><td></td></tr>
<tr><td>小组成员</td><td colspan="3"></td></tr>
<tr><td>记　　录</td><td></td><td>时　　间</td><td></td></tr>
<tr><td rowspan="2">实施(任务完成)</td><td colspan="3">1. 本校物流实训室(或某一配送中心)主要设备
要点:如下表所示(请根据需要画上横格线,并填写内容)
<table><tr><th>序号</th><th>设备名称</th><th>主要功能</th></tr><tr><td></td><td></td><td></td></tr></table></td></tr>
<tr><td colspan="3">2. 物流设备选型的讨论记录</td></tr>
</table>

实施(任务完成)	3. 物流设备的日常维护和安全管理措施的讨论记录
变更计划记录	在实施过程中,如果执行计划有变更,请作记录,并说明理由。
教师指导意见	教师签名：　　　　日期：

项目考核评价

以团队小组为单位完成任务，以学生个人为单位实行考核。

姓名	讨论物流设备的选型原则			归纳物流设备的日常维护和安全管理措施			得分
	自评	同学评	教师评	自评	同学评	教师评	

说明：

1. 每人总分为 100 分。

2. 每人每项为 50 分制，计分标准为：非主要操作者且操作不熟练计 1～15 分，操作不熟练计 16～30 分，操作较好计 31～40 分，操作很好计 41～50 分。

3. 采用分层打分制，建议权重计为：自评分占 0.2，同学评分占 0.3，教师评分占 0.5，然后加权算出每名同学在本项目中的综合成绩。

项目总结报告

<table>
<tr><td>班　　级</td><td></td><td>组　　别</td><td></td></tr>
<tr><td>小组成员</td><td colspan="3"></td></tr>
<tr><td>记　　录</td><td></td><td>时　　间</td><td></td></tr>
<tr><td>总结报告</td><td colspan="3">要点：请分段阐述个人对项目任务理解、资讯内容收集、计划与决策讨论、任务实施体会、考核评价意见等方面内容。</td></tr>
<tr><td>批阅记录</td><td colspan="3">教师签名：　　　　　　日期：</td></tr>
</table>

参考文献

[1] 赵智锋. 铁路物流设备. 北京:中国铁道出版社,2017.

[2] 赵智锋. 物流设施设备运用. 修订版. 上海:上海财经大学出版社,2017.

[3] 赵智锋. 物流设备使用与管理. 北京:人民邮电出版社,2010.

[4] 吴芳. 铁路运输设备. 北京:中国铁道出版社,2006.

[5] 佟立本. 交通运输设备. 北京:中国铁道出版社,2003.

[6] 宋瑞. 交通运输设备. 北京:中国铁道出版社,2003.

[7] 李骏. 现代交通运输与载运工具. 成都:西南交通大学出版社,2006.

[8] 常治平. 铁路线路及站场. 北京:中国铁道出版社,2013.

[9] 刘志强. 铁路机车车辆. 北京:中国铁道出版社,2016.

[10] 贾毓杰. 铁路信号与通信设备. 北京:中国铁道出版社,2016.

[11] 何民爱. 物流装备与运用. 南京:东南大学出版社,2007.

[12] 刘廷新. 物流设施与设备. 北京:高等教育出版社,2003.

[13] 冯爱兰. 物流技术装备. 北京:人民交通出版社,2005.

[14] 鲁晓春. 物流设施与设备. 北京:清华大学出版社,2005.

[15] 张弘. 物流设施与设备. 北京:复旦大学出版社,2006.

[16] 蒋祖星. 物流设施与设备. 北京:机械工业出版社,2005.

[17] 王成林. 物流设施与设备. 上海:上海交通大学出版社,2009.

附录　专业课程标准

课程名称	铁路物流设备			课程编码			
实施学期	3	总学时	64	理论学时	32	实践学时	32
课程类型	纯理论课( )、(理论+实践)课(√)、纯实践课( )						
先修课程	现代物流基础						
后续课程	仓储与配送管理,铁路普通货物运输,铁路特殊货物运输,铁路集装箱运输与多式联运						
教学目标	(一)素质目标 1.坚定理想信念,增强“四个自信”,即中国特色社会主义道路自信、理论自信、制度自信、文化自信; 2.厚植爱国主义情怀,树牢“四个意识”,爱祖国、爱行业、爱企业、爱岗位; 3.增长知识见识,了解中国铁路运输和物流发展的辉煌成就; 4.增强综合素质,培养综合能力和诚实劳动、创造性劳动; 5.加强品德修养,培养良好的学习习惯,爱岗敬业,尊重劳动。 (二)知识目标 1.在增长知识见识上下功夫:求知问学、求真理、悟道理、明事理; 2.了解铁路物流设备的基本概念、常见类型; 3.掌握主要铁路物流设备的结构和使用方法; 4.了解铁路物流设备的发展趋势。 (三)技能目标 1.在增强综合素质上下功夫,培养综合能力、劳动精神; 2.熟练运用专业术语; 3.能够根据作业要求进行一般铁路物流设备的选型; 4.能够进行铁路机车车辆、铁路集装箱、仓储配送设备、装卸搬运设备等主要铁路物流设备的应用与管理; 5.能够与别人进行良好的交流,并有团队合作精神与尊重劳动的职业道德; 6.能够了解热爱本专业; 7.培养解决问题的能力以及创新开拓意识。							
教学内容	教学主要内容: 1.思政教育,在学生中弘扬劳动精神,崇尚劳动,尊重劳动,创造性劳动; 2.中国铁路物流的发展历程; 3.铁路物流设备的基本概念、常见类型; 4.常见的铁路物流设备的认识和使用,设备的选型; 5.铁路运输设备等主要铁路物流设备的应用与管理;							

教学内容	6. 仓储配送设备等主要铁路物流设备的应用与管理； 7. 装卸搬运设备等主要铁路物流设备的应用与管理； 8. 物流设备设备等主要铁路物流设备的应用与管理； 9. 一般设备管理的基本知识； 10. 铁路物流设备的发展趋势。
教学重点与难点	教学重点： 1. 爱国情感，爱国主义教育：中国铁路物流成就及其主要技术经济优势； 2. 培养学生善于沟通交流和团队协助的能力与劳动精神； 3. 铁路物流设备的基本概念、常见类型； 4. 常见的铁路物流设备的认识和使用，设备的选型。 教学难点： 1. 劳动精神及综合能力培养； 2. 常见的铁路物流设备的认识和使用，设备的选型。
教学组织	通过课程“思政三分钟”开展思政教育；理论课以班级教学为主，实践课以分组教学为主。充分利用实训基地进行现场参观教学。
教学手段和方法	讲授、演示、多媒体、设问、小组讨论、教学做一体、行动导向等教学方法。利用本课程教学资源库、智慧课堂等信息化教学手段，提升课堂教学效果，进一步提高教学水平和教学质量。
教学资料	“十四五”职业教育国家规划教材《铁路物流设备》、网络资源库、视频资源、PPT 等 网络资料： (1)中国铁路 95306 网站 http://www.95306.cn/ (2)万联网 http://www.10000link.com/ (3)智慧职教 MOOC 学院——铁路物流设施与设备
考核要求	考核内容： 1. 学习态度、综合素质表现，重点考察学生的理想信念、价值取向、政治信仰和社会责任感； 2. 知识与技能考核，重点考察知识与技能的掌握情况； 成绩构成： 以 MOOC 数据为依据，由平时考核(过程考核)和期末考查(结果考核)组成。